Les Quatre liures de caton, pour la doctrine de la ieunesse par F. H.

A Paris,

De l'Imprimerie de Leon Cauellat, au mont sainct Hilaire, au Griphon d'argent.

M. D. Lxxiii.

SONET EN FORME DE CAN-
tique à Dieu, par lequel appert aux lettres
capitales le nom de l'Autheur,

Formez nous as à ta saincte figure
  Resplendissante en grand' perfection,
  A toy mon Dieu tend nostre affection,
  Nous sommes tous ton humble creature,
Conceuz helas en crime & forfaicture,
  On nous maintien ce n'est pas fiction
  Impossible est qu'ayons saluation
  Si ta bonté n'en a faict l'ouuerture.
Homme il n'y a qui ne soit addonné
  A orda pechez qui l'ont enuironné,
  Bon Sauueur donc ou nostre ame est rauie,
Entens à nous, tu es nostre salut,
  Rempar, refuge, celuy qui voulut
  Tourmens souffrir pour nous donner la vie.

PREFACE ET ARGVMENT

de Caton, auec aucuns enseignemens interpretez
pour l'Instruction puerile.

Onsiderant plusieurs hommes non
meurs,
Viure tousiours auec mauuaises moeurs
I'ay bien voulu par prompte diligence
Donner conseil à leur folle sentence,
A celle fin qu'ils pensem viure en gloire,
Et de leur nom accroistre la memoire.

Or cher enfant, de moy tu retiendras
Par quel moyen de bien viure apprendras,
Donc il te faut si bien mes dits apprendre
Qu'en les lisant tu les puisses comprendre:
Car ce qu'on lit & ne l'entendre point,
C'est despriser la leçon de tout point.

Premier tu dois obeissance à Dieu,
Puis à l'amour des parens donner lieu:
Obeissant à Dieu par sacrifice,
De coeur contrit, & par loyal office,
Portant amour tres-humble à tes parens,
De bonne vie & sagesse apparents:
Craindre il te faut comme maistre & seigneur
Celuy qu'on t'a donné pour enseigneur.

Ce qui sera sur ta foy mis en garde,
Soigneusemem cela deffens & garde.

Exerce toy au iugement des hommes,
Pour euiter la cautelle ou nous sommes
Cela iadis estoit le hault degré,
D'auoir le bien, des haultz honneurs à gré.

Auec les bons prens conuersation :
Car tu seras en reputation
Telle que ceux lesquels on te voit suiure :
Et s'ils sont bons tu apprens à bien viure.

Du fait d'autruy ne te faut entremettre
Si au conseil on ne te bien admettre.

Sois sobre & net, non du corps seulement
Mais de l'esprit, & secret pensement,

En saluant par grand beneuolence,
L'homme en acquiert de plusieurs l'accointance

Ne sois rebelle à ton superieur.
Et prens mercy de ton inferieur.

Pour euiter pauureté miserable,
Garder le sien est chose profitable.

Fay qu'en nul lieu tu ne sois effronté.
Et que ton corps soit plein de chasteté :
Car bien souuent en l'aage ieune & tendre,
Lubricité les lacs d'amour bien tendre.

Pour estre instruit, & de sage nature,
Il est besoin de voir mainte escriture :
Mais il conuient auoir les sens deliures,
Pour retenir le contenu des liures.

De gouuerner les tiens sois curieux,
Sois à chacun humain & gracieux :

Sans quereller d'vn cœur loing de repos.
Si le courroux n'est iuste & à propos.
 Ne sois mocqueur de creature aucune :
Ne de celuy que tourmente fortune :
Mais, qui est plus, faut que ton vueil s'accorde,
D'vser vers luy de grand' misericorde.
 Le plus souuent on faict plaisir à ceux
Qui sont par trop de rendre paresseux,
Dont il conuient sçauoir en c'est affaire,
Qui est celuy à qui voulons bien faire :
Car rien n'y a mieux perdu en effect,
Qu'à l'homme ingrat employer ton bien fait
 Au iugement ou ton office est mis,
Soustien le droit de tes plus chers amis.
 Trop d'appetit de gueulle insatiable,
Non seulement à l'homme est dommageable,
Mais par banquets d'excessiue affluance
Incontinent l'homme pert sa substance :
Par volupté il ne conuient dormir,
Ainsi que font gens saouls iusqu'au vomir.
Mais seulement par ordre & par mesure,
Pour contenter & repaistre nature.
 Iurer en vain ne faut pareillement,
Et si iuré tu as aucunement.
Tenir le faut si en quelque saison
Ce serment n'est contre droit & raison.
 Vse du vin auecques temperance :
Car donner vin à ton adolescence,

C'est adiousté feu ardant à la flamme,
Qui d'elle mesme assez croist & s'enflamme.
  C'est vne bonne & bien iuste querelle
De soustenir sa terre naturelle,
Dont il ne faut que soyons esbahis
De batailler pour le droit du pays :
Non pour le gain de feruente auarice
Mais d'vn hardy courage & loing de vice.
  Il n'est besoing de croire de leger,
Car bien souuent il en aduient danger.
  Fuy le conseil malin & dangereux,
Fuy folle amour & son train malheureux.
  Apprens la lettre, & ayme les lettrez
Qui sont d'amour honneste penetrez.
  Garde toy bien de fraude & de mensonge,
Ou la pluspart des fols mondains se plonge.
  Fay bien aux bons, & aux mauuais aussi,
Pour ensuiuir le diuin Pere ainsi,
Qui sur les bons par grace coustumiere,
Et sur mauuais fait luire sa lumiere :
Faisant pleuuoir souuent sur les iniustes,
Ainsi qu'il fait sur les bons & les iustes.
  Iniurieux ne sois, ou medisant,
Ny au renom d'autruy contredisant.
  Sois curieux de bonne renommee,
Car on la perd aussi tost que fumee :
Et si elle est de se perdre facile.
De la rauoir il est fort difficile.

Ne iuge pas par damnable auarice,
Mais en vsant d'equitable iustice.
   Vers pere & mere vse de patience
Voire s'ils sont d'inique conscience.
   Si on te fait des biens, tiens le notoire,
Et ne les mets en ingratte memoire.
   Au plaidoyé assiste bien souuent,
Car l'homme en peut deuenir plus sçauant.
   Apprens les loix, & droits par ordre mis,
Pour au besoin deffendre tes amis.
   De grand vertu ton courage renforce,
Plus que de dol & violente force.
   Sois amiable, ton ire tempere,
Car de courroux ne vient que vitupere.
   Exerce toy d'honneste ebatement,
Et fuy les lieux de hazard promptement.
   N'entreprens rien au gré de ta puissance
Mais au regard de iuste conscience.
   Moindre que toy mespriser ne conuient,
Car tel mespris en vitupere vient :
Puis que d'Adam vient toute creature,
Car le peché suiet à pourriture.
   Les biens d'autruy d'auoir ne te tourmente
Car riche il est qui du sien se contente.
   Celle aimeras de desir non desioint,
A qui tu es par mariage ioint :
En l'estimant ta soeur & ta compagne,
En bien & mal qui la vie accompagne.

A iiii

Soie curieux de tes enfans apprendre,
Pour de vertu le ply les faire prendre.
C'est grand' vertu la loy mesme souffrir
Que nous voulons à tous autres offrir.
En bn conuy n'vse de grand langage,
Cela nous dit maint Philosophe sage.
Ce qui est iuste il conuient appeter,
Et ce qui est infame reietter.
Au monde soie tant amiable & doux
Que contem soie de l'amitié de tous.

Fin.

Pierre soulliot

LE PREMIER LIVRE DE
la doctrine puerile de Caton.

Quatrain premier.

Dit que de Dieu maint Prophete à escrit,
Qu'essence, il est haute & spirituelle,
Sur tout le faut reuerer en esprit,
Et de pensee enuers luy pure & belle.

Epigramme premier.

L'antiquité idolastre & rebelle,
Adoroit Dieu par immolation
De sang brutal, mais l'essence eternelle
Juge cela pour superstition,
Et ne requiert en nous qu'affection
Treschaste & pure, & ou gist charité,
Et que vers Dieu nostre adoration
Ne soit sinon d'esprit & Verité.

Quatrain ii.

Trop de sommeil, trop de repos aussi,
C'est l'entretien de crimes & de vices :
Dont il conuient par labeur & soucy,
Chasser paresse, & toutes ses delices :

Epigramme ii.

Pour de Caton mieux confirmer l'esprit,
Trop de sommeil est plein de vitupere:
A ses esleuz le disoit Jesus Christ,
Disant, veillez, & priez Dieu mon Pere,
Pour euiter que la fausse Vipere,
Esprit remply de malediction,
Ne puisse choir au but ou il espere,
En vous faisant choir à tentation.

Quatrain iii.

C'est grand' louange et vertu admirable
Sçauoir sa langue en saison refrener,
Prochain il est de Dieu & son semblable,
Qui en cela son sang peut gouuerner.

Epigramme iii.

Qui son parler en ce monde tempere,
Usant en tout de moderation
Tres-agreable il est au diuin Pere,
Qui hait babil plein de deception:
Mais si on void que superstition.
Vient denigrer la louange de Dieu,
On doit parler de viue affection,
Sans refrener sa langue en temps et lieu.

Quatrain iiii.

Sois curieux que ta voix ne varie
Pour l'vn & l'autre en instant raconter:
Car qui luy mesme a ses dicts contrarie,
Aueq'aucun n'a garde d'apointer.

Epigramme iiii.

L'homme inconstant qui n'a pouuoir de suiure
Vn certain but de loüable maintien,
Auecq'autruy il n'a garde de viure,
Pource qu'il n'a de vertu l'entretien :
Ainsi discorde auecques le Chrestien
Celuy qui est remply d'hypocrisie :
Ainsi celuy pour mobile ie tien
Qui perd la foy, & tombe en heresie.

Quatrain v.

L'homme mortel, qui vient d'autruy la vie
Trop esplucher, pour la blasmer apres,
De blasmer luy mesme prenne enuie
Car vn chacun le vice suit de pres.

Epigramme v.

Communémem les cem yeux nous prenons
Du monstre Argue pour vn autre accuser,
Mais quand ainsi autruy nous reprenons,
Nous ne pouuons nostre vice excuser :
Nous sommes prompts vn festu aduiser.
A l'oeil d'autruy qui bien petit tresbuche,
Mais à nostre oeil que l'on void s'abuser
Nous ne voyons vne poisante busche.

Quatrain vi.

Or & argent, & precieuses choses,
Que nous tenons pour grand' felicité,
Laisser conuient, si elles sont encloses
De grand peril, & loing d'vtilité.

Epigramme vi.

Humains tresors, richesses amassees,
Honneurs mondains & grande auctorité,
Ces choses la sont aussi tost passees
Comme le vent plein de legereté :
Mais le tresor qui vient de charité,
Certainement a bien plus d'efficace :
Gardons le donc pour nostre vtilité,
Et non les biens qui sont pleins de falace.

Quatrain vii.

Doux & seuere, en temps & en saison,
Aucunesfois se doit monstrer le sage :
Car par le temps il change de raison
Et d'autres moeurs sans crime prend l'vsage.

Epigramme vii.

L'homme constant ne doit changer de moeurs
S'il n'a le train de vertueuse vie :
Et si ses faits sont moderez & meurs,
D'y faire arrest il doit auoir l'enuie :
Mais si son ame à vanité rauie,
Aucunesfois se met en grand danger,
Voyant alors sa constance asseruie,
Il doit sa vie en meilleure changer.

Quatrain viii.

Si des seruans ton espouse se deut,
Et se complaint, n'y donne foy aucune :
Car à celuy que l'espoux aymer veut,
Souuent la femme vse de grand' rancune.

Epigramme viii.

Si à ce mal tu veux fermer l'entrée,
Pour euiter telles dissentions,
Fay que te soit espouse rencontree
Qui n'ait au cœur folles affections :
Ecela se fait, non par inuentions,
Ou l'Antechrist contraint femmes de croire
Mais par ses dits, & institutions
Du fils de Dieu, au ciel regnant en gloire.

Quatrain ix.

Si ton amy est de mauuaise vie,
En desprisant ton admonition,
Ne laisse point ceste feruente enuie
De reuoquer telle correction.

Epigramme ix.

Il ne suffit monstrer legierement
A ton prochain son erreur & sa faute,
Poursuiure fault tel aduertissement,
Ayant tousiours dessus luy la main haute,
Pouruoir y faut de diligence caute
Lors que l'honneur de Jesus Christ y pend :
Car en vn rien la foy eschappe & saulte
Du cœur malin qui point ne se repent.

Quatrain x.

Contre celuy qui abonde en langage,
Auoir ne faut plait ne dissention :
De trop parler plusieurs gens ont l'vsage,
Mais d'esprit rare est la discretion.

Epigramme v.

Le trop parler est nuisible en tout lieu,
Combien que là l'homme charnel se fonde:
Car tel sçauoir est folie enuers Dieu.
Quoy que se soit la sagesse du monde,
Pour auoir doncq' parolle nette & munde,
Ne la cherchons en l'homme trop parlant:
De maint propos vn seducteur abonde,
Afin qu'il soit la verité celant.

Quatrain xi.

Auoir conuient amis en telle sorte
Que tu te sois amy premierement:
Fay bien aux bons tellement qu'il n'en sorte
Chose qui soit pour te donner tourment.

Epigramme xi.

L'enseignement de Caton en ce lieu
N'est pas compris en doctrine fidele:
Car il repugne aux saincts edicts de Dieu,
Lequel au lieu mutuel nous appelle:
Et (qui est plus) ce point il nous reuele,
Non seulement de bien faire aux amis,
Mais d'estre pleins de charité la belle,
Et de bien faire à tous noz ennemis.

Quatrain xii.

De tous rapports euite le langage.
Car on dira que es l'autheur.
De s'estre teu on ne reçoit dommage,
De trop parler il nuit au raporteur.

Epigramme xii.

Mondains rapportz, voire au temps ou nous
    sommes,
De fol honneur penetrent, tant les coeurs
Que nous voyons combat entre les hommes:
Chassez, vaincus, & prisez les vainqueurs.
Appresté vous Chrestiens rethoriqueurs,
Et reprenez de ces armes la gloire:
Car c'est Sathan, & ses suppostz mocqueurs
Contre lesquelz il faut chercher victoire.

Quatrain xiii.

Ne promets pas chose certainement,
Qui te sera par vn autre promise:
Car vn faseur souuent promet & ment,
Promets cela ou ta puissance est mise.

Epigramme xiii.

Amy sçais-tu ce qu'il conuient promettre
A noz amis, sans vn en excepter?
C'est de iamais en oubly ne les mettre,
Et au besoin tousiours les supporter:
Semblablement de ne les molester,
S'ils nous ont faict guerre, tort ou iniure,
C'est la promesse ou il faut s'arrester
Pour accomplir la celeste Escriture.

Quatrain xiiii.

Du loz d'autruy ne te repute digne
Premier qu'en faire en toy probation:
Ta conscience est le tesmoing insigne

Combien tu es en reputation.

Epigramme xiiii.

Celuy qui sçait que c'est de sa nature
Fragile, & tendre, et subiette à peché,
De s'estimer il ne prend soing ne cure,
Et des honneurs mondains n'est empesché:
Car puis qu'Adam premier homme a peché,
Ayant à mort hommes assuiettis,
Cela par tout doit bien estre presché,
Que loing d'honneur sommes grands & petits.

Quatrain xv.

Pour n'estre ingrat du bien que l'on t'a fait
A un chacun tu le dois faire entendre:
Mais si tu as vsé d'aucun bien fait,
Il n'est besoing de notoire se rendre.

Epigramme xv.

Cela ne font les esuentez donneurs,
Qui pour vser de grande magnificence
Et pour auoir les terrestres honneurs,
Dons & presens mettent en euidence:
Mais le Chrestien ne fait telle insolence
Car en donnant d'vn cœur doux & humain,
A la main gauche il oste cognoissance
De ce qui est fait par la droicte main.

Quatrain xvi.

Quand tu paruiens à la blanche vieillesse,
Et de plusieurs les faits & dits tu comptes,
Il faut aussi dés ta blonde ieunesse

Que de tes faitz tu face de beaux comptes.

Epigramme xvi.

C'est mal vescu d'auoir l'aage chenue,
Si ne sçauons que c'est de charité
De plusieurs faictz l'histoire retenue :
Par vn vieillard, a bien peu merité :
Car si son sens n'est plein de verité,
En delaissant mensonge et ignorance,
Il vauldroit mieux, pour la tranquilité
Qu'il fut rauy au Ciel des son enfance.

Quatrain xvii.

Quand à secret aucuns parlent ensemble
Ne t'en soucie, et n'en perds ton propos,
Car qui se sent fort coulpable, il luy semble,
Que c'est de luy qu'on parle à tous propos.

Epigramme xvii.

Adonne toy aux actes vertueux
Lesquelz on peut aux sainctz liures eslire,
Et laisse là l'homme voluptueux,
De ton honneur blasonner et mesdire :
Car ce n'est rien ne d'eux ne de leur dire,
Si offensé n'en est le Createur :
Doncques, amy, fay bien delaisse dire,
Sans crainte auoir de tout homme menteur.

Quatrain xviii.

Quand tu seras en grand'felicité,
Tu dois preuoir au mal qui doit venir :
Car on ne voit toute prosperité

R la premiere egale deuenir.

        Epigramme xviii.

L'homme doit bien estre plus incité
D'entretenir la richesse eternelle,
Que celuy bien remply de vanité,
Qui est nommé richesse temporelle,
Entretien donq' ton ame pure & belle :
En pouruoyant au mal qui peut venir
C'est quand vers Dieu on se monstre rebelle
Pour à son sainct vouloir contreuenir.

        Quatrain xix.

Si en la mort d'autruy tu veux pretendre
Pour enrichir de sa possession,
Croy que ta vie est de nature tendre,
Suiette à mort, & mesme passion.

        Epigramme xix.

L'homme qui suit les plaisirs de la chair,
Et donne lieu aux reuenus du monde,
La mort d'autruy il desire approcher,
Si l'heritage à son proffit redonde.
Mais qui est ceint de l'esprit pur & munde,
Il laisse là ce que terre produit :
Car il cognoist que celuy qui s'y fonde,
En vn moment voit tout ce bien destruit.

        Quatrain xx.

Quand on reçoit d'vn pauure personnage
Vn petit don humblement ordonné,
Priser le faut autant & dauantage,

Que s'il estoit plus richemem donné.

Epigramme xx.

Ainsi se doit le Prince gouuerner
Quand son suiet vn petit don luy donne,
Et quelque don il luy viem ordonner
Qui le vouloir de son suiet guerdonne,
S'il a meffait, par grace il luy pardonne
Monstrant qu'il faut l'homme prendre à mercy,
Ainsi l'ont fait Roys de nature bonne
Dont la memoire en florit iusqu'icy.

Quatrain xxi.

Puis que tout nud t'a engendré Nature
En t'enuoyant au monde pauuremem,
Et pauureté la charge qui est dure,
Il te conuiem souffrir patiemmem.

Epigramme xxi.

Veux tu sçauoir les biens qui t'appartiennem
Pense a ceux las que t'a donné Nature,
Si plus que toy les grands seigneurs en tiennem
Cela ne viem que d'humaine auanture,
Le corps tout nud viem toute creature
Et est ainsi à son trespassemem,
Doncq' les biens faits tendans à pourriture
Ne sont les biens de l'homme propremem.

Quatrain xxii.

Qui de la mort recule son ennuie,
Et qui la craint il erre grandemem :
Car telle vie, helas ! ce n'est pas vie,

Mais plustost mort, en terrible tourment.

Epigramme xxii.

Les anciens qui n'envoyent la notice
Du plus hault bien qu'on a quand on est mort,
Si disoyent ils cesser toute malice,
Et toute ioye auenir par la mort,
Dont le Chrestien qui est à plus grand remord
Et qui sçait son ame au ciel rauie.
Ne sera il iugé d'avoir grand tort,
Craignant la mort qui nous donne la vie?

Quatrain xxiii.

Si ton debteur remply d'ingratitude
N'estant vers toy comme tu luy és doux
N'en blasme Dieu, comme rebelle & rude
Mais doucement appaise ton courroux.

Epigramme xxiii.

On void souuent que la beneuolence
Qu'on monstre à ceux qui se disent amys,
Par eux est mise en ingrate oubliance
Et bien souuent ils sont noz ennemis,
Doncques à tous il est iuste & permis,
De regarder celuy à qui l'on donne :
Car le meschant, en oubly le bien mis,
Son bienfaicteur de trahison guerdonne.

Quatrain xxiiii.

A celle fin que tu puisse garder
Ton bien acquis despens-le par mesure,
Sans toutesfois à l'effect regarder

de conuoitise, & de damnable vsure,
  Epigramme xxiiii.
Ce n'est pas moins de vertu de deffendre
Le bien aquis, que le bien acquerir :
Car on voit l'vn de fortune descendre,
L'autre est vn art qui se doit requerir :
Mais la richesse au prix qu'on voit fleurir
Qui est comprise en la parolle saincte,
Vaut beaucoup mieux, elle ne peut perir
Et l'autre en brief est passee & estainte.
  Quatrain xxv.
Ce que tu peux par promesse tenir
Ne le promets à ton amy deux fois,
Si que vanteur ne puisse deuenir
Dessoubz espoir d'estre humain, & courtois.
  Epigramme xxv.
Mondanité de mentir coustumiere
Prompte à promette, & longue est à tenir,
Assez entend des humbles la priere :
Mais souuent faut l'en faire souuenir,
Doncq' si tu veux à ce vray point venir
Qui est comprise en charité Chrestienne,
Il est besoing aux pauures suruenir,
Et que promesse incontinent se tienne.
  Quatrain xxvi.
Quand tu verras vn amy de parolle,
Et qui vers toy n'est fidelle de cœur
Fay le semblable, & ainsi te console,

Flore mocqué tu auras vn mocqueur.

        Epigramme xxvi.

Ainsi vit-on en ce temps ou nous sommes,
Car vn trompeur veut tromper le trompeur,
Cela prouient de la faute des hommes,
Qui d'offenser vn Dieu n'ont point de peur :
Mais quand ainsi on trompe vn attrapeur,
Nous transgressons le vueil du diuin pere
Qui l'homme veut estre retributeur
Du bien pour mal, amour pour vitupere.

        Quatrain xxvii.

N'estime pas l'homme à son doux langage
Car pour tromper l'oyseau mince & foiblet
Vn oyseleur, en semblable courage
Fait doucement resonner son siblet.

        Epigramme xxvii.

Le doux parler en plusieurs se descueure,
Mais dans le cœur gist du fiel & poison,
Qui dangereux plus fort qu'vne couleuure
Sous feinte amour pourchasse trahison,
Prophetes faux par semblable raison
De verité enuieux & ialoux,
Ont dessus eux de la toison.
Mais au dedans ils sont affamez loups.

        Quatrain xxviii.

Si tu te vois chargé d'enfans petits,
Et que tu sois sans richesse mondaine,
Fay à quelque art vaquer leurs appetits,

Pour les nourrir en ceste vie humaine.
Epigramme xxviii.
Si art nous semble aux pauures satisfaire
Pour euiter de pauureté le faix,
Aux riches gens il est plus necessaire
Pour leurs enfans en rendre plus parfaits :
Car bien instruits ils fuiront meschans faicts :
Et si leur bien se pert par auanture
Par ce sçauoir ils se verront refaicts
Ou ils auront employé soing et cure.
Quatrain xxix.
Ce que le peuple estime de grand pris
Estime peu, prisant ce qu'il desprise,
Lors ne seras d'auarice surpris,
Et ne pourras blasmer ton entreprise.
Epigramme xxix.
Le commun peuple estime grand auoir,
Auctorité et mondaine puissance,
Mais au contraire, estimons le sçauoir,
Et d'vn seul Dieu la pure cognoissance
Et si le peuple estime iouïssance
De grands thresors par chacun iugement,
Estimons l'homme auoir grand' abondance :
S'il peut auoir de peu contentement.
Quatrain xxx.
Ce que tu as coustume de reprendre
Ne le fay pour en estre repris :
Car c'est vn faict deshonneste d'apprendre

Si l'enseigneur est de vice surpris.

Epigramme xxx.

Telle auiourdhuy est mondaine prudence,
Qui accusant de son prochain le vice,
Ses faits & dits veut mettre en euidence
Combien qu'ils soyent pleins de fraude & malice
Prudence humaine à Dieu faict sacrifice
Qui est remply d'abomination:
Car le seigneur requiert autre seruice,
C'est cœur contrainct plein de dilection.

Quatrain xxxi.

Ce qui est iuste & honneste demande,
Car c'est folie a homme demander
Le don, duquel iniuste est la demande
Et qui de droit ne se peut accorder.

Epigramme xxxi.

Quand nous sentons aduersité moleste
Que est celuy auquel faut demander?
Certainement, c'est le Pere celeste,
Qui a pouuoir de noz maux amender.
Il nous faut doncq' a luy recommander
Car c'est luy seul qui les siens reconforte:
Il peut a l'homme vn bien fait accorder
Premierement que de sa bouche il sorte.

Quatrain xxxii.

Ce que tu tiens pour certain & cogneu
Ne laisse pas pour la chose incogneue,
Car on ne peut iuger de l'incogneu

Ainsi qu'on fait de la chose cogneue.

Epigramme xxxii.

Amy sçais tu ce qu'il te faut cognoistre
Et le garder quand tu l'auras cogneu ?
C'est Jesus Christ qui homme a voulu estre
Pour sauuer l'homme en peché detenu,
Sçais-tu qu'il faut laisser comme incogneu ?
C'est toute loy repugnante à la sienne :
Ainsi sçauras que vaut le contenu
De verité & charité Chrestienne.

Quatrain xxxiii.

Veu que de maux & perils dangereux
La vie humaine est tousiours asseruie
L'homme se doit estimer bien heureux,
Si d'vn seul iour il prolonge sa vie.

Epigramme xxxiii.

Puis que les iours de l'homme ne sont rien
Fors vne chose en instant consumee,
Pourquoy suit-on si fort l'honneur terrien
Plustost passé que legere fumee ?
C'est de Sathan la fraude enuenimee,
Qui nous assaut, & menasse tousiours :
Mais contre luy nous auons main armee,
Si nous pensons combien briefs sont noz iours

Quatrain xxxiiii.

Aucunesfois obeïr il conuient
A ton amy en sa condition
Car par vn cela nous voyons qu'il aduient

On entretien de grand' dilection.

Epigramme xxxiiii.

Il en y a qui sont si mal appris,
Et qui ont tant de vent en leur cervelle
Que pour cela qui est de petit pris
Ilz ne craindront esmouvoir grand' querelle:
Ainsi aduient inimitié mortelle
Entre esuentez qui se disent amyes,
Mais ceux qui ont le cœur bon & fidelle,
Pour si petit ne sont pas ennemis.

Quatrain xxxv.

Ne sois honteux faire vn petit present
En demandant vne bien grande chose,
Car par cela on voit au temps present
Et dans les cœurs grand amour estre enclose.

Epigramme xxxv.

Puis qu'amitié d'vn petit don peut croistre
Ne soyons pas à donner paresseux:
Car il conuient liberal apparoistre,
Non seulemem aux riches: mais à ceux
Que nous voyons par fortune angoisseux,
Vsant ainsi de liberal office,
L'homme fuyras le danger malheureux
De conuoitise & damnable auarice.

Quatrain xxxvi.

Auec celuy qui te porte amitié
Fuy le debat qui rompt toute alliance,
Car le courroux engendre inimitié,

Et par douceur croist la beneuolence.
   Epigramme xxxvi.
Ce propos là de ne prendre querelle
A son amy, c'est vn propos Chrestien:
Car il conuient l'amitié mutuelle
De qui les bons obseruent l'entretien:
Mais (qui est plus) ie vous dy & maintien
Qu'il ne faut pas porter tant seulemen
Paix aux amis, & leur faire du bien,
Mais aux malins qui sont sans iugemen.
   Quatrain xxxvii.
Si tu te vois de grand'ire surpris,
Ne punis pas tes serfs de leur offence:
Car appaisé tu seras mieux appris
D'vser vers eux de rigueur ou clemence.
   Epigramme xxxvii.
De ceux à qui l'on doit obeissance
L'ire & fureur nous deuons euiter,
Car en tout lieu par desobeissance
Il nuit au serf de son maistre irriter:
Mais dessus tout pour nous manifester
Enfans de Dieu sans sa parolle feindre
A vn seul Dieu faut hommage porter,
Glorifier son sainct nom, & le craindre.
   Quatrain xxxviii.
Celuy duquel tu veux auoir victoire
Aucunesfois tu dois laisser vainqueur,
Car patience à vertu qui à gloire

Sur toutes mœurs qui sont en noble cœur.

Epigramme xxxviii.

Celuy qui est de bonne conscience
N'est point enflé combien qu'on luy faict tort,
Car en son cœur il porte patience,
Qui se maintient Chrestien iusqu'à la mort,
Si doncq' amie, aduersité nous mord,
Et si à tort on nous pourchasse iniure,
Faisons mourir vindicatif remord
Pour recueillir le bien qui tousiours dure.

Quatrain xxxix.

Son bien acquis il vaut mieux espargner,
Que folement le gaster et despendre :
Car quand labeur vient pour d'autre en gaigner
Pauureté croist qui vient l'homme surprendre.

Epigramme xxxix.

Ce que l'on a par grand labeur acquis
Sçais tu comment il te conuient despendre ?
Certes il est necessaire et requis
Entre les mains des indigens les rendre :
A noz enfans les vertus en apprendre,
En marier souuent les pauures filles,
En deliurer captifs et en defendre
Soingneusement les vefues, & pupiles.

Quatrain xl.

Lors que seras en grand' tranquilité
De biens mondains, fay bien à tes amys,
Mais tel effet de liberalité

En ton endroit premierement, soit mis.
Epigramme xl.

Ce propos là n'est pas si singulier
Que selon Dieu il se puisse deffendre,
Car son proffit propre et particulier
La charité diuine ne veut prendre,
Pour doncq' le point de charité apprendre,
C'est son prochain aymer parfaictement,
Le secourir, et ses vices reprendre,
En pouruoyant à son mal promptement.

Fin du premier liure de Caton.

PREFACE ET ARGVMENT
de Caton, sur le second liure pour la doctrine & institution puerile.

Si d'auenture, o Lecteur ton courage
Desire voir que c'est du labourage,
Tu en auras cognoissance diffuse
Du bon Maro qui fait tourner sa Muse:
Si la vertu des herbes veux sçauoir
Macer t'en peut apprendre le sçauoir.
Si tu veux veoir les guerres des Romains
Qui grandes discorde et debats ont eu maints,

Cherche Luquain Poëte de grand pris,
Par luy seras dessous Mars bien appris,
Si l'art d'aymer tu desires comprendre,
Ou en lisant à aymer veux apprendre,
Tu en sçauras la forme e la façon,
En regardant d'Ouide la leçon
Mais si tu n'as ce vain desir e cure,
Pour estre sage e de bonne nature,
Entens mes dits, par lesquels se consomme
Et accomplit la vertu de tout homme
Escoute doncq', e en grand' diligence
Voy en lisant que c'est de sapience.

Fin.

LE SECOND LIVRE DE
la doctrine puerile de Caton.

Quatrain premier.

Vx incogneus si en as le pouuoir,
Il faut vser de grand' beneficens :
Car il vaut mieux beaucoup d'amis auoir,
Que d'vn grand regne acquerir iouyssance.

Epigramme premier.

Non seulemem liberal il faut estre,
Enoz amis en ce mortel discours :
Mais il conuiem gens incogneus accroistre

En amitié, & leur faire secours,
Vn regne acquis est de labille course,
Et peut d'autruy tomber soubz la puissance :
Mais les amis, ou gist certain recours,
Ne peuuent pas laisser nostre accointance.

Quatrain ii.

Puis que tu es mortel en ce bas lieu,
Apprens cela qui duit à vie humaine,
Et ne t'enquier des hautz secretz de Dieu,
Et contenu du celeste domaine.

Epigramme ii.

Il n'est besoing que l'homme s'edifie
Aux vanitez par sçauoir curieux,
Delaisser faut vaine philosophie
Qui va chercher estude iusques aux Cieux :
Que faut il doncq' apprendre pour le mieux?
C'est de bien viure en ceste vie humaine,
En chassant loing Vices pernicieux,
Pour mener l'ame en plus heureux domaine.

Quatrain iii.

Ne crains la mort, veu que par telle crainte,
Si en viuant tu as aucun soulas,
Il est perdu, & telle ioye esteinte,
Rigueur suruient pour te prendre en ses lacs.

Epigramme iii.

Pour larrecin, pour grande trahison,
Pour adultere homicide damnable,
Il faut la mort craindre en toute saison,

Pouræ que c'est reproche abominable:
Mais celuy est enuers Dieu detestable
Qui craint la mort ou consiste la vie
En soustenant Jesus Christ veritable,
Ou il conuient toute ame estre rauie.

Quatrain iiii.

Si tu te vois à courroux incité,
De l'incertain il ne te faut contendre:
Car le courroux chasse la verité
Que l'on pourroit par sens rassis entendre.

Epigramme iiii.

Cela se doit adresser à maint Iuge,
Qui bien souuent de grand' ire surpris,
Vn innocent à mort cruelle iuge
Dont grandement il doit estre repris,
Cela ne sont les Iuges bien appris,
Hommes puissans, ennemis d'auarice,
Qui l'amour de verité espris,
En craignant Dieu font de chacun iustice.

Quatrain v.

Il faut le sien depondre promptement,
Le temps escheu d'opportune saison:
En dispersant cela si sagement,
Que rien n'en soit hors de temps & raison.

Epigramme v.

Quand il conuient quelque chose despendre
Il ne faut pas retarder à demain
A celle fin que l'on ne puisse entendre

Que

Que tu las fait de trop ingrate main :
Et en cela se faut monstrer humain,
En inuitant aux nopces ces amis :
Non ensuiuant maint prodigue Romain,
Car tel exces n'est iuste ne permis.

Quatrain vi.

La nef plus seure est en petit riuage,
Que celle là qui nage en grand' mer :
Ainsi richesse auec moyen usage,
Est plus vtille, & plus se doit aymer.

Epigramme vi.

On void souuent que les grands reuenus,
Aux possesseurs apportent grand dommage :
Ceux qui iadis estoient riches tenus,
Tombent souuent en malheureux seruage :
Mais qui de bien suffisant prend l'vsage,
Sans point mentir, il est trop plus heureux,
Que ceux qui ont acquis toute leur aage,
Du monde bas les tresors plantureux.

Quatrain vii.

Garde toy bien de ton fait faire entendre
A tes amys, si trop honteux il est,
Si que plusieurs ne te puissent reprendre
Du faict caché, qui à toy seul desplaist.

Epigramme vii.

Celuy qui fait honteusement vne oeuure,
A plusieurs gens ne le doit reueler,
Mais est besoing que tousiours il le cueuure

Pource que c'est vergongne d'en parler,
Mais quand c'est cas qu'il ne conuient celer,
Pour l'ignorant oster hors d'ignorance,
Il doit alors le reprendre par l'air,
Le reuelant d'vne ferme asseurance.

Quatrain viii.

Le long seiour noz pechez point n'efface,
Qui par le temps sont cachez & couuers,
Car par le temps de l'homme quoy qu'il face
Sont les pechez punis & descouuers.

Epigramme viii.

Ceux qui n'ont pas parfaicte cognoissance,
Que c'est de Dieu, de sa force & vertu,
Combien qu'ils soyent crimineux par outrance,
Son haut pouuoir ne prisent vn festu:
Mais ceux qui ont l'esprit mieux reuestu
D'obeissance en Dieu, ou ils s'attachent,
Cognoissent bien ce propos debatu,
Que leurs pechez enuers Dieu ne se cachent.

Quatrain ix.

Il ne faut pas auoir l'homme à mespris,
Le corps duquel nature ne renforce :
Car bien souuent sage & bien appris,
Qui par nature est de petite force.

Epigramme ix.

Si nous voyons que nature n'a fait
Reluire en nous le corporel visage,
Gardons soy don plus exquis & parfait,

Qui est nommé spirituel ouurage :
Car le mortel, & caduc personnage,
Suiet aux vers, & funebre tombeau,
Ne doit blasmer le defaut du corsage,
Si par l'esprit seulement il est beau.

Quatrain x.

Si tu ne peux resister à l'effort
D'vn ennemy de force plus notoire,
Par aucun temps cede luy, car d'vn fort,
L'homme vaincu peut auoir la victoire.

Epigramme x.

Aucune y a pleine de rebellion,
Qui aiment mieux soudain mourir ou viure
Que de bien meure & sage opinion,
En temps & lieu la victoire poursuiure,
Ce sont ceux la que volupté enyure,
Qui sont remplis de cruelle fureur,
De ce danger nul n'est qui nous deliure,
Si nous n'auons Jesus Christ procureur.

Quatrain xi.

Contre l'amy dont tu as cognoissance
Auoir debat iamais il ne conuient :
Car de propos de petite importance,
Aucunesfois grande querelle vient.

Epigramme xi.

Pour euiter les noises & discordes,
Il faut fuir gens de mauuaise voie,
Ou les gaigner par mutuele accorde.

De charité en Jesus Christ rauie :
Mais s'ils ont trop la pensee asseruie
A Vanité & superstition :
De les laisser il faut prendre l'enuie,
Puis que trop nuit leur conseruation.

Quatrain xii.

Ne t'enquier point par diuination
D'aucune sorciere, de sa tienne auenture :
Dieu fait sans toy deliberation,
De toy qui es son abiecte facture.

Epigramme xii.

Astrologie, & autres sortileges,
Negromantie, & diuinations,
Sur verité n'ont point de priuileges :
Car ce ne sont que superstitions,
Dieu ne requiert ces institutions
En son abiecte & humble creature,
Rien s'y deffend ses constellations
Car seul il sçait toute chose future.

Quatrain xiii.

Pour trop auoir de braues & de pompe,
Ce regardant l'enuie n'acquier point,
S'elle ne nuit pour le moins elle trompe,
Et est fascheuse à souffrir en tout point.

Epigramme xiii.

Las que te sert o pauure creature,
Ruoir sur toy si braue vestement ?
Dequoy te sert tant d'exquise parure,

Ruisseaux, quarcune qui couste cherement,
Et n'est sinon que pour mondainement
Se gouverner d'excessiue affluence :
Car le Chrestien se gouuerne autrement
Et est vestu de pure conscience.

Quatrain xiiii.

Si condamné tu es iniustement
Ne sois pourtant de fragille courage :
Car en soulas ne viuras longuement
Qui d'vn faux iuge as sur toy l'auantage.

Epigramme xiiii.

Le Iuge faux rend le tort pour le droit,
Pour l'aquillon de feruente auarice :
Mais Dieu qui est le Iuge iuste et droit,
Exigera vn iour telle iustice.
Iustice helas ! c'est plustost iniustice,
D'inique loy condamner l'innocent,
O Seigneur Dieu ! arrache la malice
Du Iuge humain, qui rien de bon ne sent.

Quatrain xv.

On ne doit point de voix ramenteuoir
L'inimitié de la noise passee :
Ainsi le font malings loing de sçauoir,
Qui ont tousiours rancune en leur pensee.

Epigramme xv.

Qui tu verras vne guerre expiree
Auecq' celuy qui te souloit hair,
Garde toy bien qu'elle soit referee :

Car selon Dieu il faut courroux fuir
Voire s'il faut la saincte lettre ouir,
Les ennemis faut aymer de bon zelle,
A celle fin que nous puissions iouir
Du haut tresor de la vie eternelle.

Quatrain xvi.

Garde toy bien de te donner loüange,
Ne te blasmer, car qui le fait ainsi,
Des bonnes moeurs de bien viure il s'estrange
Et tient de gloire et de folie aussi.

Epigramme xvi.

Ces deux points la de blasmer et loüer,
Sont differens il nous les faut apprendre,
Quand au premier ie ne veux l'aduouer,
Car qui se loüe il veut trop entreprendre :
Mais qui son faict deuant Dieu bien reprendre,
Comme à Caton sot il ne me sera :
Car c'est penser à sa nature tendre
Et ce vil corps, qui en bref pourrira.

Quatrain xvii.

Du bien acquis, si en as abondance,
Vser te faut par moderation,
Car le bien chet soudain en decadence,
Qui fut acquis par longue inuention.

Epigramme xvii.

L'homme bien né tant plus il deuient riche
Tant plus il est d'humble condition :
Aux indigens, de volonté non chiche,

Il vient monstrer tousiours dilection,
Car preuoyant toute acquisition
De biens mondains suiet à pourriture,
Il a sur eux si pure affectiõ
Qu'il en soustient la pauure creature.

Quatrain xviii.

Aucunesfois combien que tu sois sage,
Estre ne faut sage & plein de raison:
Car d'homme fol representer visage
C'est grand prudence, en lieu & en saison.

Epigramme xviii.

Non pas tousiours à l'homme de raison
Il faut vser de meure prouidence
Il faut changer en lieu & en saison
De grauité, & de haute prudence:
Comme en festin, en ieu permis, ou dance,
Seruant au temps par grand' maturité:
Ce sont moyens, ou par quelque euidence
Cesse l'effet de toute grauité.

Quatrain xix.

Ne sois prodigue ou auaricieux,
Pour auoir bruit & renom en ce monde,
Car l'vn & l'autre est si pernicieux
Qu'il est contraire à l'homme pur & munde.

Epigramme xix.

Qui est suiet à prodigalité,
Il se destruit par trop folle despence,
Son corps se gaste & perd tranquilité,

E iiii

L'esprit en a piteuse recompense,
Et l'homme auare à autre but ne pense,
Fors d'enrichir au monde seulement :
Doncques cherchons meilleure conscience,
Si nous voulons viure eternellement.

Quatrain xx.

Aux babillards qui nouuelles apporten
De iour en iour, ne croyons de nostre aage,
Rien estimons cela faux qui rapporten,
Pource que trop abondem en langage.

Epigramme xx.

Sçais-tu pourquoy il ne faut adiouster
Creance à ceux qui nouuelles apportem ?
C'est pour autant qu'il faut interpreter
Le dire en mal de ceux qui trop raportem :
Puis faux rapporte trop de dommage portem
Et bien souuent mettem dissention
Entre ceux la qui d'esprit se transportem,
En s'esloignant de grand' dilection.

Quatrain xxi.

Quand tu auras beu excessiuement,
Ayant forfait, sur le vin ne t'excuse :
Mais souuiens toy de blasmer seulement,
Non pas le vin, mais celuy qui l'accuse.

Epigramme xxi.

Le populaire auiourdhuy mal appris,
A de coustume user de folle excuse :
Car quand il doit de vice estre repris :

D'auoir trop beu follement, il s'excuse:
Mais c'est le vin qui le beuueur accuse,
Pourquoy ne faut en cela s'excuser,
Boy par mesure, ou par raison infuse,
Le vin viendra luy mesme à t'accuser.

Quatrain xxii.

A ton amy, s'il est sage & secret,
Descouure toy, & ton secret ne celle,
Pour te guarir si tu es bien discret,
Mets toy aux mains d'vn Medecin fidelle.

Epigramme xxii.

C'est grand vertu d'auoir amy secret,
A qui son faict seurement, on reuele,
Et de choisir de iugement discret,
Pour te guarir vn Medecin fidelle:
Non seulement, pour santé corporelle,
Mais pour l'esprit, & ce Medecin là
Qui peut guarir l'ame de corruptelle,
C'est Jesus Christ qui nous presche cela.

Quatrain xxiii.

Ne soit ton coeur remply d'impatience,
Quand tu seras opprimé de fortune,
Car à plusieurs de fause conscience,
Pour nuire apres on la voit importune.

Epigramme xxiii.

Ceux que nourris nous voyons en delices
Ne peuuent pas le trauail supporter,
Lors que fortune vse de ses malices,

Et de bien haut les fait precipiter :
Mais ceux qui ont coustume de porter
Le ioug de Christ, & sa croix sans rancune,
Ne sont suiets à se desconforter,
De veoir tourner la roüe de fortune.

Quatrain xxiiii.

Tu dois preuoir aux cas premierement
Qui sont compris en fortune future,
Car l'homme en a moins de dueil & tourment
Ryant preueu de loing ceste aduenture.

Epigramme xxiiii.

Ce qui aduient à toute creature,
C'est dueil, tourment & tribulation
Car nostre corps suiet à pourriture
Ne peut fuir ceste imperfection
Doncques ayons consideration,
Que c'est de nous, & de nostre naissance,
Pour mieux preuoir à la tentation
De ceste chair qui nous fait grand nuisance.

Quatrain xxv.

Estant greué de seuere fortune,
Ne sois vaincu du tourment qui te point :
Prens bon espoir, esperance opportune,
Iusqu'à la mort l'homme ne laisse point.

Epigramme xxv.

Certainement c'est la seule esperance
Qui donne à l'homme allegeance & confort,
Par bon espoir il faict sa demeurance

En verité, laquelle il prise fort
Par cest espoir de foible il deuient fort,
Et si la mort luy suruient d'aduenture,
Il est puissant encontre son effort,
Par esperance ou gist son armature.

Quatrain xxvi.

Ne laisse aller l'occasion premiere
De ce qui t'est propice bien souuent :
Car sans cheueux elle est par le derriere,
Beaucoup de poil ayant par le deuant.

Epigramme xxvi.

Quand nous auons bonne opportunité
De quelque chose à faire ou entreprendre,
Prendre le faut de grande habillité,
Sans longuemem l'occasion attendre :
Car il conuient à vn chacun entendre :
Que iour en iour nous venons aux vieux ans,
Et qu'il n'est rien qu'on doiue mieux deffendre
A vn chacun, que de perdre le temps.

Quatrain xxvii.

De ce qui est passé prens iugement,
Pour mieux pouruoir à la chose future
Suiuant le Dieu qu'on peint antiquemem
De deux regards auoir la pourtraiture.

Epigramme xxvii.

L'antiquité pour mettre en euidence,
Vn homme meur, prudent, discret et sage,
A feint Ianus Dieu plein de prouidence

Ryant derriere & deuant le Visage,
Signifiant par soy tel personnage,
Qu'il ne suffit (du tout) se souuenir
Du temps passé, mais qu'il faut dauantage
Ruoir egard à ce qu'il doit Venir.

Quatrain xxbiii.

Pour auoir d'ayse et de conualescense,
Viure conuient par moderation :
R Volupté on doit resiouyssance,
Mais à santé, longue Vacation.

Epigramme xxbiii.

L'homme se doit gouuerner par raison,
Pour Viure sain en la gloire mortelle,
Et s'abstenir en chacune saison,
S'il veut auoir santé plaisante & belle :
Eau par excés se gaste la ceruelle,
Dont l'homme chet en grand' perdition,
Non seulement de santé corporelle,
Mais de l'esprit qui rend corruption.

Quatrain xxix.

Le Jugement de plusieurs ne desprise,
R celle fin que ton opinion
Pour inutile folle ne soit prise,
De seul blasmer vne communion.

Epigramme xxix.

Si tu cognois l'opinion diuerse
De plusieurs gens au conseil amassez,
N'y entremets ta seule controuerse

Pour euiter discord qui croist assez:
Car ses debats soudain ne sont passez,
Qui sont esmeus au matin populaire,
Si de sagesse ses sens compassez,
Ayant bon droit bien feras de te taire.

Quatrain xxx.

Sur toute chose il te conuient preuoir
R ta santé, ne faut que nul die,
Qu'il s'en est mis en son loyal deuoir,
Blasmant le temps s'il chet en maladie.

Epigramme xxx.

De sa santé auoir le soing cure
Et profitable à l'homme conuient,
Sans en donner au temps ou lieu l'iniure,
Si maladie à l'impourueu suruient
Car tout cela par nostre faute aduient,
Ou du vouloir du grand pere celeste:
Mais il le faut prier si mal nous vient
Et nous garder de danger plus moleste.

Quatrain xxxi.

Ne prens egard à l'effect de ton songe,
Car la pensee humaine te fait voir
En sommeillant combien que soit mensonge,
Et qu'en veillant elle desire auoir.

Epigramme xxxi.

Iadis les Roys s'enqueroient de leur songe
Combien qu'il fut remply d'obscurité:
Et quoy que rien il n'y eust que mensonge,

Ils en cuidoient tirer la verité :
Mais ceux qui ont plus de maturité,
Ne donnent lieu à ces songes menteurs,
Ains d'vn esprit remply de charité,
Soyent d'vn seul Dieu les vrays adorateurs.

Fin du second liure de Caton.

PREFACE DV TROISIESME
liure de Caton.

Qiconques sois, qui desire auoir
Pres de tes yeux ces documens en mettre,
Lire les faut afin de les sçauoir,
Et en ton cœur inserer & mettre :
Car sans doctrine (amy) i'ose promettre
Que nostre vie est de mort la figure,
Ly doncq' mes vers par diligente cure ;
Tu en auras fruict vtile & duisant,
Si ne le fais, non pas mon escriture,
Mais tu iras toy mesme desprisant.

Fin.

LE TROISIESME LIVRE DE
la doctrine puerile de Caton.

Quatrain premier.

EN bien viuant en ceste humaine voie,
Ne crains ouyr mal parler les humains:
Car leur desir de propos plein d'enuie,
Nul n'a pouuoir de tenir en ses mains.

Epigramme premier.

Mondaine enuie est de ce vouloir là
Que la bonté tousiours elle desprise :
Entre pareils tousiours discord elle a,
S'elle void l'vn que plus que l'autre on prise,
Iamais ne dort, ne rit, ains est aprise
Retracter de sa cruelle dent,
Mais laisse la auecq' son emprise
Lors tu seras homme sage e prudent.

Quatrain ii.

Si ton amy quelque crime à commis
En iugement produit ne se reuele,
Mais en cela ton honneur soit permis
Voyant s'il faut qu'il se die ou se celle.

Epigramme ii.

Pour ce propos de plus pres regarder
Contre l'amy rien ne faut entreprendre,
Mais plustost faut sa langue retarder,
Que de le voir tourment e peine prendre,

Car bien souuent, iniustice fait pendre.
Celuy qui est sans crime & innocent :
Parquoy celuy est digne de reprendre,
Qui à la mort de son amy consent.

Quatrain iii.

En beau parler ne metz point ta fiance
Ny en propos qui est fardé & doux,
Simple oraison est loing de deceuance,
Le parler feint est deceuable à tous.

Epigramme iii.

Le doux parler tousiours n'est deceuable,
Lors que le cœur semblablement est doux,
Car l'homme sainct, & qui est veritable,
Par doux parler est aggreable à tous :
Mais bien souuent faux inuenteurs ialoux,
De verité ont la peau de brebis,
Et doux parler, helas ! mais se sont loups
Si nous voyons leurs cœurs moy leurs habitz

Quatrain iiii.

Ne sois oysif, ains fuy la paresse,
Qui va l'esprit de grand' langueur pressant
Car nostre corps se gaste & perd liesse,
Quand l'esprit est deuenu languissant.

Epigramme iiii.

Oysiueté n'engendre que malice,
Et met langueur entre l'ame & le corps :
Car quand le corps fait honneste exercice,
Tu ne vis oncq' plus merueilleux discordz,

L'esprit

L'esprit du ciel, sa naissance recorde,
Et son desir par mort veut satisfaire :
Le corps la craint empeschant tele accorde,
L'esprit bien né le Seigneur laisse faire.

Quatrain 5.

A ses labeurs il convient entremettre
Joye & repos, pour longuement durer,
Ainsi pourras au labeur te remettre,
Voire beaucoup vn plus grand endurer.

Epigramme 5.

Si l'arc d'acier estoit tousiours tendu,
Incontinent se casseroit la corde,
Aussi faut-il qu'vn esprit entendu
A ses labeurs lieu de repos accorde :
Ainsi viura l'esprit par grand concorde,
Et le labeur ioyeux viendra saisir,
Rendu plus fort pour autant qu'il recorde
Le doux repos qui luy donne plaisir.

Quatrain 6.

Les faits & dits d'autruy ne dois reprendre,
Combien qu'ils soient dignes d'aucun mespris :
Car il faut craindre en te voyant mesprendre,
Que tu ne sois du semblable repris.

Epigramme 6.

Veu que suiects à tout forfait nous sommes,
Et par peché tous rendus imparfaits,
Nous ne deuons en rien mocquer les hommes
Qui sont de Dieu à sa semblance faits,

Car ceux pensant estre les plus parfaits,
Ce sont ceux la qui sont pleins d'ignorance,
Et ceux de qui on accuse les faits,
Ont enuers Dieu plus de préeminence.

Quatrain vii.

Ce que sera escheu en ton partage,
En l'accroissant garde songneusemem
Pour euiter le renom et langage
Des heritiers qu'on dit communémem.

Epigramme vii.

D'vn heritier prodigue et mal instruit,
Le peuple en fait mainte fable et langage,
Pour euiter doncques ce mauuais bruit,
Songneusement garde ton heritage,
Hante les bons, et pour tout aduantage,
Suy les vertus du bien delicieux
De verité, lors pour dernier partage,
Dieu te sera l'heritage des cieux.

Quatrain viii.

Quand tu seras desia vieil et chenu,
En te voyant abondant en richesses,
De tes amis ne sois chiche tenu,
Rins enuers eux vse de grands richesses.

Epigramme viii.

Ce vice là et malice est cogneue,
Communémem au monde malheureux,
Que ceux qui plus ont la teste chenue,
Plus crons voyons de richesse amoureux:

Non de richesse & du bien plantureux,
Que Dieu promet a l'esprit pur & munde,
Mais des thresors qui ne sont sauoureux,
Sinon à ceux qui ont le cœur au monde.

Quatrain ix.

Quoy que tu sois le chef maistre & seigneur,
De ton suiet le conseil ne desprise :
Car despriser ne faut vn enseigneur
Tant soit petit, si son conseil le prise.

Epigramme ix.

Aucunesfois le conseil fort ydoine
Nous desprisons d'vn suiet & seruant
Mais ce n'est pas l'habit qui fait le moyne,
Sous simple habit bon sçauoir gist souuent :
Parquoy ne faut priser d'oresnauant
Le grand sçauoir par la riche vesture,
Car tel on dit estre sage & sçauant,
Qui est plus lourd qu'vn veau mis en pasture.

Quatrain x.

Si tu n'as pas la saison opportune,
Comme elle estoit à son commencement,
Prenant en gré la presente fortune
Apprens de viure auecq' contentement.

Epigramme x.

L'homme prudem qui vit d'ordre & mesure,
Et de petit tousiours contentement :
Si par temps cher quelquefois il endure,
Dieu luy enuoye apres soulagement,

Gens aueuglez viuent tout autrement :
Car si cherté leur fait quelque greuance,
Ils sont remply de rage tellement
Que du Seigneur ils blasment l'ordonnance.

Quatrain xi.

Pour son doüaire espouser ne conuient
Aucune femme, ains par vertu entiere,
Et si vers toy fascheuse elle deuient
De la laisser tu as cause & matiere.

Epigramme xi.

Le premier point enuers les bons a lieu,
De n'espouser femme pour son doüaire,
Le second poinct est du tout contre Dieu,
Et à la loy de Jesus Christ contraire :
Car du lien coniugal se distraire
Est deffendu voire iusque à la mort,
Et n'a le pouuoir le mary de ce faire,
Si son espouse adultere ne mord.

Quatrain xii.

De plusieurs gens ensuiuir prens l'enuie,
Pour mieux vser de moderation,
Car tu scauras par leurs faits & leur vie
Le bien & mal pour ton Instruction.

Epigramme xii.

Ceux que verras en ce monde bien viure,
Et bien ornez de vertu & scauoir,
Ce sont ceux-la, qu'il te conuient ensuiure,
Et que tu dois pour toy exemple auoir,

Et si en voie qui ne font leur devoir,
Et que par la peine leur est venue,
Rce tu doie soigneusement pourvoir,
Que tu ne soie fable au peuple cogneue.

Quatrain xiii.

Outre ta force, & cuidem pouvoir,
Tu ne doie pas à vn labeur pretendre,
Si que par grand fardeau ne puisse voir
Cela perdu qu'as voulu entreprendre.

Epigramme xiii.

Mainte en y a que l'on deuroit reprendre,
Et accuser d'entreprise en ce point :
Car tant de faite ilz veulem entreprendre,
Qu'à leur desir ilz ne paruiennem point,
Las c'est honneur du monde qui les point,
Et dont ilz font mainte folle entreprise,
Doncq' pour cela ne te metz en pourpoint,
Fay seulemem ce que Dieu ayme, & prise.

Quatrain xiiii.

Ce que tu voie fait trop iniquemem,
Garde toy bien de le mettre en silence,
Pour n'estre point veu de tel consentemem
Auecques ceux qui sont pleins d'insolence.

Epigramme xiiii.

Ceux d'auiourdhuy qui d'acte vertueux
Des gens peruers accusem la malice,
Sont desprisez par gens voluptueux,
Qui sont contens de dormir en leur vice,

Mais toy qui hoids la celeste Justice,
Et qui cognois combien vaut son effect,
Ne celle rien, ains par loyal office
De mal versante accuse le mesfait.

Quatrain xv.

Du Iuge il faut la faueur employer
Lors que la loy te sera rigoureuse,
Car toutes loix il conuient moderer
Par equité, & raison amoureuse.

Epigramme xv.

En plusieurs lieux par les humaines loix,
Mille tourmens le pauure peuple endure,
Cela prouient de la faute des Roys
Qui ont le coeur plus dur que pierre dure:
Mais le grand Roy celeste sans ordure,
N'a point d'edicts qui ne soyent triomphants
Gardons les doncq' si ce vouloir nous dure,
Sans point douter nous serons ses enfans.

Quatrain xvi.

Le mal qui t'est par ta faute aduenu,
Tu dois souffrir auecques patience,
Et si coulpable à toy mesme est cognu
Blasmer cy faut ta seule conscience.

Epigramme xvi.

Tous les trauaux que l'homme a merité,
Ils les conuient porter patiemment:
Mais si à tort il cy est agité,
Lors il s'cy doit complaindre amerement,

Et neantmoins si trop iniustemem
Tu viens souffrir pour la saincte parolle,
Esiouy-toy perpetuellemem
Auecques Dieu qui ses esleuz console.
Quatrain xvii.

Il n'est besoing beaucoup de choses lire,
Mais en cela vser de iugemem :
Car nous voyons mainte Poëtes escrire,
Dont la leçon est fabuleuse, & mem.
Epigramme xvii.

Lire beaucoup est chose profitable,
Car il en vient vn merueilleux plaisir,
Mais sur tout plaist l'Histoire veritable
Du testamem, qu'il nous conuiem saisir,
De sa leçon ne se faut dessaisir
Et si elle est en langage facille,
plustost il faut y mettre son desir
Qu'à ces chansons d'Homere, ou de Virgille.
Quatrain xviii.

Quand tu seras en banquet appellé,
Tien en parlant propos sage & modeste,
Si que de toy en mal ne soit parlé
Qui veux le nom de ciuil & honneste.
Epigramme xviii.

En iugemem est requise eloquence
Ou tout le gain des Aduocats est mis,
En la maison gist le lieu de silence,
En vn banquet tout esbat est permis :

Mais il conuient estre doux & remis,
Sans trop parler de langue trop infuse,
Si que la bande ou tu vois tes amys,
Par trop parler ne demeure confuse.
    Quatrain xix.

Quand tu verras ta femme fort faschee,
Ne crains ses dits, ne ses larmes aussi,
Car soubz ses pleurs trahison est cachee,
Pour son espoux mieux deceuoir ainsi.
    Epigramme xix.

Les femmes ont volontaire coustume
De fort pleurer pour maris deceuoir,
Mais soubz ces pleurs grand' trahison s'allume,
Dont est besoing de bien pres y pouruoir :
Mais si tu veux en faire ton deuoir,
Quand tu seras en mariage entree :
Prens sage femme (& non pour son auoir)
Qui soit d'amour enuers Dieu penetree.

    Quatrain xx.

Des biens acquis, vse & n'abuse point,
Car ceux qu'on void en vain leur bien despendre
Quand pauureté, & famine les point,
Ils sont contrains à autruy serfs se rendre.
    Epigramme xx.

Quand tu auras richesses amassees
Ne les despens en vain ne follement,
Car quand soudain elles seront passees
Viure faudra trop miserablement,

Mais si le monde vsoit plus viuemem
De charité (qui à presem est morte)
On ne feroit pas tout honteusemem
Tant de Larcin, ou l'homme se transporte.

Quatrain xxi.

Sçais tu pourquoy la mort tu ne dois craindre?
Quoy qu'elle soit cruelle aux animaux ?
C'est pour autant qu'elle à pouuoir d'estaindre
Humain trauail qui est fin de tous maux.

Epigramme xxi.

Certes la mort qu'on peint auecq' sa faux
Pleine d'aigreur, inique & fort cruelle,
N'est pas ainsi, se painct visage est faux,
Elle est plustost douce, plaisante, & belle,
Car sa peincture est de puissance telle,
Qu'elle nous donne vn petit tourmem
Pour nous donner vne ioye immortelle,
Qui l'ame fait viure eternellemem.

Quatrain xxii.

De toy espouse endure le propos
Si elle est bonne, vtile, & necessaire,
Car trop est rude, & loing de son repos
Qui n'a pouuoir d'endurer ou se taire.

Epigramme xxii.

De noz amps les vices bien legers,
Aucunes fois souffrir est conuenable :
Car il n'y a dommage, ne dangers,
Pour nous donner reproche detestable,

Doncq' si tu as espouse profitable
Et bonne, ayant quelque fascheux propos
En ensuiuant Socrates honnorable
Endure d'elle afin d'auoir repos.

Quatrain xxiii.

De telle amour reuere tes parens,
C'est à sçauoir ton pere auecq' ta mere,
Que tu ne sois par signes apparens
A l'vn soulas, à l'autre aigreur amere.

Epigramme xxiii.

Plusieurs y a qui contraints par la loy,
Honnorent Dieu et portent reuerence
A leurs parens, mais non (comme ie croy)
D'vne amour pleine d'obeissance :
Or si tu veux plaire à la haute essence
Et ensuiuir ses edits apparens,
Non par contrainte, ains d'amour d'excellence,
Ryme ton Dieu, tes amys, & tes parens.

Fin du troisiesme liure de Caton.

PREFACE DV QVATRIESME
liure de Caton, de la doctrine puerile.

Amy lecteur, si tu as bonne enuie,
Au monde bas viure tranquillement,
Et reculer de tout vice ta vie,
Qui aux vertus font trop d'empeschement :

Souuienne-toy sur tout premierement
De veoir souuent de mes vers la facture,
Tu'y verras maint bon enseignement,
Qui de vertu te fera l'ouuerture.

Fin.

LE QVATRIESME LIVRE DE
la doctrine puerile de Caton.

Quatrain premier.

Pour aspirer à grand' beatitude
Les biens mondains en pris ne faut
    auoir.
Car l'homme auare y mettant trop d'estude,
Tousiours endure au pres de son auoir.

Epigramme premier.

Pour esplucher escritures diuines
Essuc ces biens de terrestre valeur,
Le Seigneur Dieu les appelloit espines,
Qui en piquant sont cause de douleur :
Mais d'estre riche, helas, ce n'est malheur
Si nous vsons de liberalité:
Car rien ne nuit d'vn beau drap la couleur,
Si le coeur est remply de charité.

Quatrain ii.

Faute n'auras du deuoir de nature,
Si de raison tu as contentement,
Qui se fera quand d'egale droitture
Selon le temps tu viuras sobrement.

Epigramme ii.

Celuy qui vit par egale mesure
Du temps present, non par ambition
Ou volupté detestable à nature,
Ne viura point en desolation,
Rien cognoistra que telle inuention
Luy a seruy de compas raisonnable,
Et qui aura tousiours fruition
Des biens produits par nature amiable.

Quatrain iii.

Si tu es loing de conseil & prudence,
N'ayant pouuoir de ta richesse vser,
Tu dois plustost blasmer ton imprudence,
Que sur fortune aueugle t'excuser.

Epigramme iii.

Si par la faute & negligence aussi,
Tu vois fortune à ton danger venue
Tu n'as raison de t'excuser ainsi
Dessus fortune aueugle maintenue,
Fortune estoit pour Deesse tenue
Mais ce n'est rien que fable & fiction
Ne disons donq de la chose aduenue,
Que c'est fortune en son intention.

Quatrain iiii.

N'ayme l'argent pour en paistre tes yeux
De sa beauté, ains pour ton seul vsage :
Car qui est trop de l'aymer curieux
Oncques ne fut honneste, sainct ne sage.

Epigramme iiii.

Pour son visage il faut l'argent aymer
Non pas d'amour de feruente auarice,
Encores moins pour son bien consommer
En s'adonnant à mauuais exercice,
Mais en gardant le salutaire office
De charité vers son frere indigent :
Voila comment il est bon et propice
De s'excuser si on ayme l'argent.

Quatrain v.

Quand tu seras grand bien accumulant
Pense ton corps par diligence extreme :
Car le malade en richesse opulant
Par son auoir n'est maistre de luymesme.

Epigramme v.

Quand nous aurons de grans biens abondance
Le corps malade en aucune saison,
Mettre conuient le bien en euidence
Sans l'espargner pour auoir guarison :
Car precieuse est bien plus par raison
Nostre santé, que de biens la valeur
Lors toutesfois il faut faire oraison
A cil, qui fait cesser toute douleur.

Quatrain vi.

Si d'enseigneur qui ton esprit tempere
Ra enduré des verges, & des coups,
Encores plus enduré de toy pere,
Si de parolle il descend en courroux.

Epigramme vi.

Non seulement nostre pere mortel
Il nous convient souffrir, aimer, & craindre,
Mais Dieu vivant nostre pere immortel,
Qui peut (s'il veut) le corps & l'ame esteindre
C'est luy qu'il faut adorer sans se feindre :
Et si par temps il nous charge de coups,
Pour mieux au don de sa clemence attaindre
Prier le faut d'appaiser son courroux.

Quatrain vii.

Occupe toy à chose necessaire
Pour en tirer quelque proffit utile,
Et ton labeur efforce de distraire
De chose ou gist esperance inutile.

Epigramme vii.

Pour s'occuper à necessaires choses,
Il faut avoir un subtil iugement,
En regardant si elles sont encloses,
Ou de danger, ou bien d'emolument,
Et pour ce faire il faut premierement
Veoir le passé par diligence cure,
Et le passé ioindre discrettement
A toute chose & presente & future.

Quatrain viii.

Au demandeur sans trop le faire attendre
Donne le don qu'il requiert promptemem,
Car à plus grand plaisir ne dois pretendre :
Fors que d'employer ton don bien dignemem.

Epigramme viii.

Comme l'on dit le don est bien vendu,
Que l'on a fait trop longuemem attendre :
Le liberal qui est mieux entendu,
D'attendre ainsi son don il ne veut vendre,
Et pour ce cas te faire mieux entendre,
Ce que l'on peut, faut donner franchemem,
A celle fin qu'on ne puisse comprendre
Que nous faisons charité froidemem.

Quatrain ix.

Ce que tu as pour suspect promptemem
Preuoir le dois, et en grand' diligence :
Car ce qu'on a laissé premieremem,
Ny pouruoir apporte grand' nuisance.

Epigramme ix.

Tout ce qui a de mal suspicion,
Il ne le faut laisser en negligence,
Mais sagemem faire inquisition
Que ce doit estre, et quelle consequence :
Car par defaut de bonne diligence
Un petit mal vient en accroissemem,
Mais euiter on peut telle nuisance
De bien pouruoir au mal premieremem,

Quatrain x.

Si ta nature encline à paillardise
Aucunesfois te retient en ses lacs,
Ne double pas ton mal par gourmandise
Qui est du ventre amye & le soulas.

Epigramme x.

La volupté de damnable Venus
Et gourmandise est vn peu tolerable,
Mais si ces maux sont ensemble aduenus
La volupté n'en est moins excusable :
Car mal sur mal par prouerbe notable
N'est pas santé, ie dy doncq' sur ce point,
Que celuy est du tout abhominable
Lequel Venus & gourmandise point.

Quatrain xi.

Si tu as peur de toute beste en somme
De ton esprit forgeant tel argument,
Tu dois auoir plus de crainte de l'homme
Si ensuiure tu veux mon iugement.

Epigramme xi.

L'homme bien né pourtraict à la semblance
De Dieu viuant, n'est à craindre en tout point
Car il est plein de grand' beneuolence
Par charité qui l'aguillonne & poingt,
L'homme mal né qui ceste amour n'a point,
Et qui n'a rien que folie en sa teste,
Est plus à craindre et à fureur conioinct,
Qu'Ourse ne Lion, Tigre, ny autre beste.

Quatrain

Quatrain xii.

Si par nature & corporelle force,
Non pour cela le nom de fort aura :
Fay qu'en sçauoir ton esprit se renforce,
Lors a bon droit fort appellé sera.

Epigramme xii.

Le nom de fort plein de loüange belle :
Ne gist en bien de ce mondain pourpris,
Encores moins en force corporelle,
En bras ne iambe, en corps il n'est compris :
Mais seulement en sçauoir de grand pris,
Doncq' si tu veux meriter fortitude,
Soie en sçauoir & vertu bien appris,
Car il n'y a plus belle beatitude.

Quatrain xiii.

Si tu te vois en grand danger submis
De ta santé, tes chers amis appelle,
Car il n'y a medecin mieux commis
A ton secours qu'un amy bien fidelle.

Epigramme xiii.

Le medecin te conseille & ordonne
Pour ta santé selon son iugement,
Mais sans l'espoir qu'il a qu'on le guerdonne
Il n'y voudroit vacquer aucunement :
Et les amis sont feincts semblablement,
Et charité morte & ensevelie,
En nostre mal prions doncq' humblement
Dieu, qui iamais ses serviteurs n'oublie.

Quatrain xiiii.

De quoy te sert faire le sacrifice
De sang brutal ou gist toute innocence ?
Puis que toy mesme és plein de malefice,
De tel salut vaine est ton esperance.

Epigramme xiiii.

Les anciens auoient ceste coustume
Pour appaiser de sang brutal leurs dieux,
Mais le Chrestien à ce ne s'accoustume
Tel sacrifice est sale et odieux :
Plustost conuient espandre larmes d'yeux
De coeur contrit, en pleurant son offence,
Que d'ensuiure les superstitieux,
Qui ont remply le monde d'ignorance.

Quatrain xv.

Quand tu voudras par curieuse enuie
Faire vn amy, ou compagnon fidelle,
Ne prens egard aux biens, mais à la vie,
Et s'il est plein d'amour e de bon zelle.

Epigramme xv.

Mondanité prise les biens vestus,
Et ceux qui ont richesse temporelle,
Plus que les dons d'esprit, e les vertus,
Qui dignes sont de loüange immortelle,
Mondanité aux pauures est rebelle,
Et comme Ouide en ses escrits a mis :
Auecq' grands biens tu auras suitte belle,
Mais n'ayant rien tu n'auras point d'amis.

Quatrain xvi.

Sans auarice, & grand' despence aussi,
Vse du tien par bonne prouidence :
Car que te sert bien en ce monde cy,
Si tu és pauure auecq' ton abondance ?

Epigramme xvi.

Vn homme auare a aussi grande faute
De ce qu'il a, que de ce qu'il n'a pas :
Pourquoy tousiours faut tenir la main haute
Pour en viuant despendre par compas,
Et non du tout prendre nostre repas
De vin & pain viande corporelle :
Mais de sçauoir, pour apres le trespas
Paistre l'esprit de pasture eternelle.

Quatrain xvii.

Si en viuant tu cherche renommee
Bonne & honneste, & reputation :
Fuy voluptez par qui est consommee
Nature humaine en grand' perdition.

Epigramme xvii.

Les voluptez sont obstacle à la vie,
Ainsi que l'eau à viue flamme nuit :
L'ame qui est à volupté rauie
A bien verser ne songe iour & nuict,
Doncques, humaine, pour croistre vostre bruit
Et pour auoir honnesteté louable,
Suiuez le train de viure qui conduit
L'esprit bien né au soulas perdurable.

E iij

Quatrain xviii.

Si ton esprit est remply de sagesse,
L'homme ancien de mocquer ne t'auance :
Car bien souuent en la blanche vieillesse,
L'homme perd sens, retourne en enfance.

Epigramme xviii.

Les anciens, iadis sages tenus,
Portoyent honneur à la blanche vieillesse,
Et honnoroient leurs chefs vieux & chenus,
Parmy le cours de leur blonde ieunesse :
Mais auiourdhuy cest honneur iuste cesse,
Car les vieillards prudens & bien appris
Sont desprisez par la folle noblesse,
Dont le coeur est de vanité surpris.

Quatrain xix.

Soit à quelque art ton esprit adonné,
Car si ton bien tu perds, parauenture
Tu ne seras de le perdre estonné,
Veu que par art l'homme prend nourriture.

Epigramme xix.

Richesse humaine & ce que l'homme amasse,
Est fort labille, & durable n'est pas,
Tout est subiet à vn larron qui passe :
L'ordre & moyen de viure par compas,
Humains thresors coulent le petit pas,
Et sont tousiours en danger de fortune :
Doncq' si tu veux prendre plus sur repas,
Apprens quelque art pour ta vie oportune.

Quatrain xx.

Entens parler chacun tacitement,
Car le parler les mœurs de l'homme cœuure
Et bien souuent on voit communémem,
Que tel qu'il est, son parler le descœuure.

Epigramme xx.

Si quelquesfois la parolle confuse,
Les mœurs de l'homme enseigne clairemem:
En ce pourtant bien souuem on s'abuse,
Car on dit trop malicieusemem:
Et qui se dit plus veritable il mem,
Quoy que ce soit sa trahison cogneue,
Doncq ne pensons tirer vray iugemem
De la personne à noz yeux incogneue.

Quatrain xxi.

Quand tu auras quelque mestier compris,
De l'excuser souuem c'est ton office:
Par labeur croist vn esprit bien appris,
Et le mestier s'asseure d'exercice.

Epigramme xxi.

Profitable est l'exercitation
En chacun art soit en l'art Rhetorique
Soit en mestier d'autre vacation,
Il est besoing qu'en chacun on pratique,
Si l'artisan sur son art ne s'applique,
Il oubliera son art dont il viuoit:
Ainsi sera sans aucune replique
L'homme sçauant qui la science auoit.

E iii

Quatrain xxii.

Si tu requiers à ce point paruenir
De n'auoir peur du temps de mort future,
Compte ne dois de la vie tenir,
Lors de la mort ne craindras la pointure.

Epigramme xxii.

Si tu veux viure au monde sans soucy,
Sans dueil, regret, sans chagrin ne rancune,
Bref si tu veux n'auoir le cœur transsy
Malgré le vent d'enuie e de fortune,
N'estime rien ceste vie commune
Pour le discours qui aguillonne e mord,
Lors tu viuras en liesse opportune,
Sans auoir peur e doute de la mort.

Quatrain xxiii.

Apprens de ceux qu'on voit science auoir,
Pour en apres ses ignorans apprendre :
Car la doctrine en qui gist bon sçauoir
Se doit par tout publier e espandre.

Epigramme xxiii.

Qui est celuy qui est digne d'apprendre ?
C'est qui requiert retenir e sçauoir,
De quel sçauoir faut-il le chemin prendre ?
C'est le sçauoir qui fin ne peut auoir :
Et qui est-il ? ie le veux conceuoir :
C'est du Seigneur la diuine parolle,
Pourquoy la fin ne peut-il receuoir ?
C'est pour autant que sans fin il console.

Quatrain xxiiii.

Si tu veux viure en ioye & en santé
Souuienne toy de boire par raison :
Car c'est follie & courte volupté
Malade rend le corps longue saison.

Epigramme xxiiii.

Ce que nature & ta complexion
Peuuent porter de vin, tu le dois prendre,
Mais tu es fol si ton affection
Plus qu'il n'en faut t'en a fait entreprendre,
Boy sobremem doncques pour ne mesprendre,
Car si tu bois & manges sobremem
Plus en viuras, & mieux pourras apprendre
L'art dont chacun prem son nourrissemem.

Quatrain xxv.

Ce que tu as prisé publicquemem
Garde toy bien que ta voix ne desprise
A celle fin qu'à toy contentemem
Legereté en toy ne soit comprise.

Epigramme xxv.

Vn mesme cas loüer & despriser,
C'est vn certain iugemem de folie,
L'homme inconstant vn autre vient priser,
Duquel apres ses vices il publie,
Mais verité qui à ce point nous lie
D'estre constant sans personne blasmer,
Requiert aussi que l'iniure on publie
De ceux qui ont voulu nous diffamer.

Quatrain xxvi.

Estant aux cours de fortune prospere,
Soie d'obuier aux dangers curieux,
Et au danger ou l'homme fort espere
Semblablement espere d'auoir mieux.

Epigramme xxvi.

Les esleuez en temporalité,
Qui tiennem trop du monde & de la chair,
Sont estonnez si leur tranquilité
Viem du tourmem de fortune approcher,
Mais ceux qui Dieu ne veulem point fascher,
Et qui sont pleins de pure conscience,
D'aucun tourmem ne se peuuem fascher,
Rins ont tousiours de Iob la patience.

Quatrain xxvii.

Efforce toy d'apprendre incessammem,
Car de labeur l'esprit viem meur & sage:
Prudence aussi viem en accroissemem
Pour exercer l'esprit de long vsage.

Epigramme xxvii.

Celuy qui a certain moyen d'apprendre,
Doit en cela se monstrer diligem:
A celle fin qu'il puisse tout comprendre
Le bon sçauoir qui vaut mieux que l'argem,
Mais qui est trop pour ce faire indigem,
Ou qui l'esprit n'a aux lettres capable,
Pour se regir entre l'humaine gem
Soit seulemem en soy art veritable.

Quatrain xxviii.

Ne donne pas trop d'honneur & louange
A vn amy que bien n'auras cogneu,
Car quelque iour si son courage change,
Verras qu'à tort loyal l'as maintenu.

Epigramme xxviii.

Pour euiter que l'amy ne se change,
Et pour fuir noise & dissention,
Prens vn amy tant digne de louange
Que son cœur soit loing de mutation:
Mais tu diras que telle election
De vrays amis n'est plus à nostre porte
Je dy que si, car la dilection
De son prochain en tout lieu n'est pas morte.

Quatrain xxix.

Ne sois honteux de prendre enseignemem
De ce qui n'est compris en ta nottice:
Celuy qui sçait, vit honnorablemem,
Et qui ne veut apprendre est plein de vice.

Epigramme xxix.

Par liberté vicieuse & damnable
Desir d'apprendre en ieunesse est perdu:
Et ce qui est vtile & profitable
Gist en obscur, & n'est point entendu,
Doncq l'homme soit en ce, sage rendu,
En contraignant d'apprendre la ieunesse,
Afin que soit le vice deffendu,
Et qu'à vertu son iugemem se dresse.

Quatrain xxx.

Rien qu'amour, & Bachus, & discorde,
Et volupté ioincte semblablement,
Ce qui est bon de l'ensuiure accorde,
Mais ne consent à noise aucunement.

Epigramme xxx.

Amour honneste est recreation,
Et le banquet, ou l'homme ne s'enyure,
Si en tous deux gist moderation,
L'esprit en est beaucoup plus à deliure:
Mais si l'amour ses noises te deliure,
Et si Bachus te nuit semblablement,
Certes tu n'es digne de poursuiure
Le doux plaisir d'vn tel esbatement.

Quatrain xxxi.

Comme le fleuue, auquel l'eau est profonde,
Est dangereux, quoy que paisible il soit,
Aussi voit-on plusieurs songeards au monde
Desquels souuent la force nous deçoit.

Epigramme xxxi.

Simplicité sous propos plein de miel
Pour deceuoir l'homme, son venin cache:
Mais bien souuent l'on apperçoit le fiel
Qui d'elle vient, & son ordure tache:
Doncques afin que scrupule s'arrache
De ceux, lesquels voulons trouuer,
Il faut sur tout, que chacun ce point sçache
Que sagement on les doit esprouuer.

Quatrain xxxii.

Si ton estat te desplaist grandement,
N'ayant le cours d'amiable fortune,
Regarde autruy, et tire iugement
Si plus que toy il a l'heure oportune.

Epigramme xxxii.

Quand tu seras en extreme douleur
Et moy contem du cours de ta fortune,
Regarde vn peu de pres à ton malheur,
Si mine que toy vn autre il importune
Lors tu n'auras tant de dueil et rancune,
Voyant plusieurs comme toy se douloir
Car le soulas d'vn qui a infortune
C'est son semblable en sa misere auoir.

Quatrain xxxiii.

Outre ta force a rien ne dois pretendre,
Car il vaut mieux conduire son basteau
Par auirons que de dresser et tendre
Le voelle au vent pour nager en grand eau.

Epigramme xxxiii.

Comme nager en l'eau petite et basse
N'y a danger comme en profonde mer,
Ainsi faut-il que de peu on se passe,
Sans trop de biens despendre et consommer,
Ainsi faut il peu de richesse aymer,
Et rien, sinon possible, n'entreprendre
En ce faisant tu pourras estimer
Que c'est vn point ou le Chrestien doit tendre.

Quatrain xxxiiii.

Contre celuy qui est prudent et iuste,
Ne vueille auoir plait ne dissention,
Car de querelle et guerre trop iniuste
Dieu prend courroux et vindication.

Epigramme xxxiiii.

Si par Caton tu apprens en ce lieu
Contre le iuste oster toute querelle,
Il faut aussi entendre selon Dieu
Qu'il ne suffit de faire chose telle:
Car enuers ceux qui sont de coeur rebelle,
Ruoir ne faut iamais contention:
Mais (qui est plus) d'vne amour fraternelle
Supplier Dieu pour leur conuersion.

Quatrain xxxv.

S'il t'est permis des richesses auoir
Tu as matiere et lieu d'esiouyssance
Mais si tu pers ton bien et ton auoir
De quoy te sert la plainte et desplaisance?

Epigramme xxxv.

Si tu as tant fortune fauorable,
Que de ses biens sois riche deuenu,
Et t'esiouir tu as droit raisonnable,
Car d'en plorer, fol tu serois tenu,
Mais si tu pers tout le bien aduenu,
N'en porte point de douleur, ou rancune,
Car le thresor petit est maintenu,
Qui est commé le thresor de fortune.

Quatrain xxxvi.

Il est bien vray que c'est chose fort dure
De nostre bien grand dommage porter :
Mais l'amy vray de son amy endure,
Et est contraint sa faute supporter.

Epigramme xxxvi.

Si nous voyons tous noz biens fulminez,
Granges, maisons, or & grande chevance,
Ne soyons point de les perdre estonnez
Suiuant de Job les coeurs pleins de constance:
Mais si du tout nous perdons l'accointance
D'vn vray amy, fidelle en tout point,
Il faut plorer, car mondaine affluance
A vraye amour à comparer n'est point.

Quatrain xxxvii.

Ne te promets de viure longuement,
Car en tout lieu ou d'aller es recordé,
La mort te suit pour ton difinement,
Né plus ne moins que l'ombre suit le corps.

Epigramme xxxvii.

Puis que noz iours passent comme fumee
Et comme l'eau allant de roide pas,
Puis que la vie est si tost consumee,
De long temps viure asseuré ne sois pas,
Car tu ne sçais l'heure de ton trespas
Dont prier faut à l'auteur de nature,
Qu'il donne à l'ame vn immortel repas,
Lors que les vers du corps auront pasture.

Quatrain xxxviii.

Tu dois plustost appaiser Dieu d'encens
Que de ce sang de beste que l'on tue,
Dieu hait la mort d'animaux innocens
Laisse les doncq' croistre pour la charue.

Epigramme xxxviii.

Le sang, est mort d'animaux innocens
N'appaise pas la supernelle essence,
Encores moins sacrifice d'encens,
Qui d'Arabie a prins son accroissance,
De quelle odeur doncques prend Dieu plaisance,
Pour l'appaiser en chacune saison ?
Las ! c'est d'vn cœur contraint, & qui s'auance
D'aller vers luy par fidelle oraison.

Quatrain xxxix.

A cil qui a pouuoir de te destruire,
Et qui est riche, il faut resister,
Car s'il a eu le pouuoir de te nuyre,
Vne autrefois il te peut profiter.

Epigramme xxxix.

Si on te fait tort, iniure, ou dommage,
Ou resister ne peux aucunement,
Si tu veux estre en ce constant & sage,
Dissimuler le dois patiemment :
Non toutes-fois pour apres le tourment
En esperer aucune recompense :
Mais pour l'amour d'iceluy seulement,
Qui a souffert vne mort à outrance.

Quatrain xl.

Quand tu auras commis aucun peché,
Accuse toy incontinent toy-mesme,
Car quand le corps de playe est empesché,
Douleur au mal est medecine extreme.

Epigramme xl.

Quand tu seras de forfait empesché,
Afin qu'au cœur point il ne s'enracine
Incontinent accuse ton peché
En inuoquant la clemence diuine,
Car il n'y a meilleure medecine,
Que la douleur d'vn homme gemissant,
Cherchant les pleurs iusques à la racine,
Pour appaiser le Seigneur tout puissant.

Quatrain xli.

D'vn que tu as frequenté longuemen,
Ne dy point mal en aucune maniere.
S'il a changé mœurs entieremem,
Souuienne toy de l'amitié premiere.

Epigramme xli.

Cela nous monstre à aymer en tout temps
Nostre prochain d'vne amour fraternelle,
Et si ses mœurs sont de vertu distans,
Prie pour luy l'essence supernelle :
Mais s'il est plein de malice eternelle
En refusant nostre correction,
Laisser le faut, pour euiter querelle
Ruecq' les fils de malediction.

Quatrain xlii.

A celle fin que tu soie agreable
A vn chacun recognoie son bien-fait,
Pour n'estre dit l'ingrat abhominable,
Ou est perdu le bien qu'on luy a fait.

Epigramme xlii.

Vn chacun doit employer son estude
De recognoistre enuere toue le bien-fait
Car rien n'y a si vil qu'ingratitude
Vere nostre amy qui du bien noue a fait,
Pour mieux le bien recognoistre en effait,
C'est de l'aymer pour bonne recompense :
Car le seigneur celeste, seul parfait,
Ne requiert en noue qu'amour, paix, & clemense.

Quatrain xliii.

Ne soie pensif, & plein d'aigre soucy,
Car en tout tempe tu seroie miserable,
Veu qu'à toue ceux qui sont craintife ainsi,
L'heure de mort est apte & conuenable.

Epigramme xliii.

Qui bit en crainte, & en solicitude,
Miserable est de biure en tel soucy :
Son cœur banny est de beatitude,
En son regard tousioure palle & transy,
Garde toy bien doncquee de biure ainsi,
Car tu perdroie le repoe de la bie,
Qui par esbat de soulae adoucy
A crainte & paour ne doit estre asseruie.

Quatrain xliiii.

Quand tu auras acquis pour ton usage
Des seruiteurs, à que serf tu les hommes,
Combien qu'ils soient astrains sous ton seruage
Souuienne toy touteffois qu'ils sont hommes.

Epigramme xliiii.

Les anciens de la foy mainte inuenteurs
Ou l'on ne voit les fidelles pretendre,
Souloyent auoir les hommes seruiteurs,
Et par mespris les acheter et vendre,
Ce crime estoit bien digne de reprendre,
Mais auiourdhuy gens sont plus inhumains,
Car aux suiets ils font griefue mort prendre
Enuers lesquels ils deussent estre humains.

Quatrain xlv.

De chose utille ayant l'occasion,
Du premier coup prens-la soudainement
Car nous perdons par telle illusion
Ce qui estoit offert premierement.

Epigramme xlv.

Ne refusons iamais l'occasion
De ce qui est necessaire et propice,
A celle fin que par illusion
N'ayons regret du perdu benefice,
Car quand on voit vn tres-bon exercice,
Executer le faut de prompte main :
Qui auiourdhuy n'est prompt en vn office,
Encores moins il y sera demain.

f

Quatrain xlvi.

Si les malings meurent de mort soudaine
Garde toy bien de rire de leur mort
Bien-heureux sont qui laissent vie humaine
Qui sont sans crime & que peché ne mord.

Epigramme xlvi.

Bien-heureux est celuy qui vit sans crime,
Car de ceux là le nom est mal cogneu,
Encores plus heureux celuy i'estime,
Qui en mourant sans crime est maintenu,
Mais puis qu'en crime vn chacun est tenu,
Et que la vie humaine est trespassee,
Quand vn pecheur est à sa fin venu,
Pourquoy ris-tu de l'ame trespassee ?

Quatrain xlvii.

Si tu és pauure & ayant belle femme,
De qui en mal le peuple veut parler,
Fuy de celuy compagnie infame,
Qui ton amy se veut dissimuler.

Epigramme xlvii.

Ainsi vit-on en plusieurs regions
Par auarice, & luxure damnable,
Car de trompeurs y a grande legions
Qui sont enclins à ce mal detestable,
L'vn te dira son amy agreable,
Qui monstre bien qu'il est ton ennemy :
Car si ta femme est belle, & honnorable,
A la tromper il n'est pas endormy.

Quatrain xlviii.

Tant plus tu as de science & sçauoir
Tant plus tu dois estre soigneux d'apprendre
Car qui ne veut de rien notice auoir
Est deshonneste, & digne de reprendre.

Epigramme xlviii.

Tant plus auras copieuse science,
Tant plus en dois apprendre & conceuoir
Car par bien longue & bonne exercice
Incessammen accroistra ton sçauoir
Mais il ne faut vaines choses sçauoir,
Pour s'amuser à leçon inutille,
Que faut-il doncq' en sa memoire auoir?
Ce sont les clers ruisseaux de l'Euangile.

Dernier Quatrain.

T'esbahis-tu si en simple langage
Je me suis mis à escrire ces vers?
Par leur brief sens m'en est permis l'vsage,
Pour deux à deux les ioindre en ces diuers.

Dernier Epigramme concluant.

Amy Lecteur, plein de dilection,
Caton icy met fin à sa doctrine
Et moy aussi à ma traduction,
Qui apres luy clerement t'endoctrine,
Reçoy-le tout de volonté benigne,
En le lisant d'amoureux appetit.

Car de Caton le liure se sent digne
D'estre receu des grands & des petits.

Fin des quatre liures de Caton.

DE L'HOMME PRVDENT,
Traduction de Beroalde par F. Habert.

L'Homme prudent au temps d'aduersité
Doit maintenir vne mesme constance,
Qui garde au cours de sa felicité,
Qui sont deux points d'vne longue distance,
Et à fortune ou gist tant d'inconstance,
Non seulement lors qu'elle luy rira
Il ne mettra son espoir & fiance,
Mais quand sa Rouë à son desir ira.

Il poisera d'vne iuste balance
Le bien & mal, & ainsi verra bien
Que ce qui est loüable sans doutance
Doit auoir nom du plus souuerain bien,
Infame amour ne luy nuira en rien
Et pensera de prudence chenue
Que de tous maux le plus grand mal terrien
C'est Volupté, qui vigueur diminue.

L'Homme prudent (tout vice combatu)
Contemnera ce que le peuple admire,

Pource que c'est moindre cas que vertu,
Ou des prudens l'esperance se mire
Huis visera au but qui doit suffire,
Duquel Zenon Philosophe à escrit,
Moralement, lequel on doit eslire,
Pource qu'il est diuinement prescrit.

Ce Zenon à Philosophe stoique,
Par Rnytus accusé faussement
Pour euiter de mort l'arrest inique,
De la Cigue a beu virilement,
L'homme prudent ne peut semblablement
Flechir en rien, soit à destre ou senestre,
Mais il suyura le sentier droittement,
Sans qu'il fouruoye à main gauche ou à dextre.

Et qui est plus, il n'approuuera pas,
Ce qu'il verra sans compas et mesure,
Mais bien cela qu'il verra par compas
Estre regy, ce que bien il mesure,
Et pardonnant à l'homme par droitture,
Il l'aymera par vn loyal office,
Et s'il ne vient accuser d'auanture,
Ce n'est pas l'homme accuser, mais son vice.

Il choisira vn amy fort honneste
Non pas amy de table qui est faux,
Non de bordeau, tauerne deshonneste,

F iii

Mais bien expert aux dicts philosophaux,
Qui de Platon sçaura les dits moraux,
Et d'Aristote, Ony tel amy loüable
Il gardera secrets vieux & nouueaux
Luy ouurira de son cœur charitable.

Finablement, l'homme sage & prudent
Esleuera par vertu sa pensee,
Qui d'aucun trouble, & fascheux accident
Ne sera point fragille ou abaissee,
Suyuant la Palme en hauteur exaucee,
Qui a ce beau priuilege des Dieux
Que plus elle est en ses branches pressees,
Plus son beau chef s'esleue droit aux Cieux.

Fin de l'homme prudent.

Cantique deuant le repas.

O Seigneur Dieu de haute prouidence
En qui gist de tout biens l'abondance,
Sur tes seruans d'humble condition
Est en ta grace & benediction,
Sanctifiant les dons que ta largesse
Benignement iour en iour nous adresse,
A celle fin que d'iceux sobrement
Puissions vser, non immoderément,

En ensuiuant ta saincte volonté,
Et que puissions (tout vice surmonté)
Te recognoistre eternel Createur,
Pere diuin, & supernel Rutheur
De grand'clemence, & de benignité
Et que courans à ta Diuinité
Cherchons tousiours le pain de ta parolle
Spirituel pain qui l'ame console,
Et que ce pain puisse eternellemem
A noz esprits donner nourrissemem,
Par Jesus Christ ton fils, nostre Seigneur,
Auquel sans fin, soit los, gloire & honneur.
        Ainsi soit-il.

Cantique apres le repas.

Que te rendons graces bien humble-
        mem
        Des biens (Seigneur) qu'assiduellemem
Ta saincte main nous daigne presenter
Pour nostre corps nourrir & sustanter
Te mercians de ce grand benefice
Dont il t'a pleu par ta grace propice,
De confirmer nostre ame à toy rauie
Dessus espoir d'une meilleure vie,
Dont tu nous as fait reuelation
Par ta parolle, en consolation,
Te suppliant, o Seigneur, ne permettre
Que nous puissions enraciner & mettre

Nostre desir, cure, & affection
Au monde ou gist toute corruption,
Mais que plus haut tousiours nous regardions,
Et que par foy ferme nous attendions
Nostre Seigneur Jesus Christ, iusques à ce
Qu'il apparoisse en nous monstrant sa face
Ainsi soit-il.

Autre cantique sur le chant,
Si mon trauail.

Si mon esprit te peut donner plaisir
O Seigneur Dieu pour endurer tourment,
Vienne la mort quand voudra me saisir,
Mais que ce soit pour ton Nom seulement :
Endure donc moy corps patiemment
Au Nom de Dieu toute douleur mortelle,
Pour bien mourir, car ie croy seurement
Que telle mort rendra l'ame immortelle.

Seigneur Jesus Christ.
Fin.

www.ingramcontent.com/pod-product-compliance
Lightning Source LLC
LaVergne TN
LVHW012218170726
843503LV00005B/2149